AF336577

AF336577

8° F pièce
4749

Personne ne lira sans profit
cette petite brochure.

POUR L'ASSURÉ

PAR

F.-T. ROUX

Avocat

ASSUREUR-CONSEIL

Se trouve chez l'Auteur

14, Rue Baudrairie, RENNES

Cabinet de **Me ROUX**, Avocat

ASSUREUR-CONSEIL

14, Rue Baudrairie, à **RENNES**

Assurances de tous risques : incendie, accidents, vie, vol, etc..aux meilleures sociétés d'assurances et au choix de l'assuré. — Suppression des clauses et cas de déchéance et obtention des tarifs les plus réduits (Économie de 20 à 30 %). — Placement de risques industriels et correspondance avec le Lloyd de Londres.

Vérification gratuite et redressement des polices en cours.

Négociation des valeurs d'assurances. Achat et vente de nues-propriétés et d'usufruits mobiliers et immobiliers.

Placements à rente viagère aux taux les plus élevés.

Renseignements gratuits sur toutes les Compagnies d'assurances.

POUR L'ASSURÉ

par F.-T. ROUX

Avocat, ASSUREUR-CONSEIL

SOMMAIRE

BIBLIOTHÈQUE NATIONALE R.F.

I. — DÉFINITION DE L'ASSURANCE

L'assurance est la mise en commun de risques de même nature, en vue de créer, par la contribution de chacun, des indemnités pour ceux qui sont atteints.

Toute société d'assurances, qu'elle porte le nom de mutuelle ou de compagnie par actions, n'est au fond qu'une même chose : un groupement de mutualistes suffisamment nombreux pour bénéficier de la *loi des grands nombres*, souveraine en matière d'assurances, et grâce à laquelle on obtient la division et l'égalisation des risques.

La seule différence est dans la gestion de cette mutualité : elle reste dans le premier cas aux mains des mutualistes, et passe dans le second à une entreprise financière.

Mais il est bien évident que les contributions des assurés doivent être suffisantes pour constituer les indemnités, dont le montant est fixé d'avance. S'il en est autrement, ce sera à plus ou moins brève échéance la liquidation judiciaire ou la faillite pour les sociétés par actions, la dissolution ou le paiement au centime le franc pour les sociétés mutuelles. — D'après le *Paris Assureur* 1911, sur 223 sociétés liquidées pendant les 20 dernières années, 64 l'ont été par suite de liquidation judiciaire ou de faillite ; et le *Paris Assureur* a soin d'ajouter que « dans cette nomenclature des sociétés « liquidées, il n'est pas tenu compte des sociétés trop peu « importantes qui ont eu une existence éphémère et dont « la liquidation a été en quelque sorte aussi clandestine que « la naissance. »

Il s'ensuit que l'on doit apporter le plus grand soin dans le choix d'une Compagnie d'assurances.

II. — COMMENT ON S'ASSURE
et
COMMENT ON DEVRAIT S'ASSURER

On signe la police sans la lire.

On prend généralement moins de soin pour faire une assurance, chose toujours importante, que pour passer le plus petit contrat : personne ne signera sans le lire un bail de Cent francs, mais on ne lit pas sa police d'assurance avant de la signer. On sait la Compagnie sérieuse, on connait surtout l'agent, cela suffit.

Cette négligence peut avoir de graves conséquences.
Veut-on des **exemples** ? En voici :

Qui a remarqué en signant sa police **d'assurance contre l'incendie** que malgré l'habitude que la Compagnie a prise de faire encaisser les primes à domicile, on ne les doit pas moins au siège de l'agence, et que si l'on n'est pas en possession de la quittance quinze jours après l'échéance de la prime, l'effet de l'assurance est suspendu sans aucune mise en demeure ?

Et n'allez pas croire que les clauses de déchéance, qui sont nombreuses dans certaines polices d'assurance, seront lettre morte le jour où arrivera un incendie. Dans le cas de sinistre la Compagnie cède la place à son expert, toujours très compétent sur ces questions, qui se trouve dès lors seul avec celui de l'assuré en présence de la police. Tant mieux si cette police d'assurance est régulière, mais aussi tant pis si elle ne l'est pas, car elle sera épluchée sur toutes ses faces. Et on est surpris de l'ingéniosité que déploie quelquefois la

Compagnie pour essayer de se soustraire au paiement de
l'indemnité : Il y a quelques années un incendie détruisit la
hutte d'un sabotier dans la forêt de Rennes. La compagnie
qui l'assurait,— une vieille compagnie cependant qui compte
plus de 70 ans d'existence, — prétendit ne rien devoir, sous
prétexte que l'assuré ne lui avait pas déclaré que le sol sur
lequel était construite la hutte n'était pas sa propriété. Et il
fallut toute l'énergie de son conseil pour ramener la Compagnie à la raison, et lui faire entendre que les sabotiers ne
sont généralement pas propriétaires du sol des forêts dont
ils exploitent quelques pieds d'arbres.

Qui a pris garde avant de signer certaines .polices
d'assurance contre les accidents, qu'il ne devait
pas contrevenir aux lois et règlements concernant la sécurité
des personnes, sous peine de ne plus être couvert par son
assurance.

*Et c'est surtout dans cette catégorie des Assurances Accidents
qu'il est d'extrême importance d'étudier de très près les conditions
genérales de la police.*

A-t-on bien lu en signant sa police **d'assurance sur
la vie,** qu'une clause stipulait qu'en cas de guerre l'effet de
l'assurance serait suspendu pendant toute sa durée et les
8 mois qui suivraient la cessation des hostilités, de sorte que
tel qui irait attraper une fluxion de poitrine en gardant les
voies de chemin de fer, ne serait pas plus couvert par son
assurance que s'il allait se faire tuer à la frontière ?

On devrait se faire remettre un projet

pour l'étudier ou le faire étudier.

On signe donc sa police d'assurance sans la lire, parce
qu'elle est imprimée et qu'on se figure peut être que, bon

gré mal gré, on doit en passer par là. Il n'en est cependant pas ainsi : ce que la Compagnie vous présente, ce sont les conditions les plus favorables pour elle, vous laissant le soin de les discuter ; et plus elle est sérieuse, plus elle sera raisonnable, et moins elle fera de difficultés pour y apporter, quand elle le peut, les modifications que vous demanderez.

Il a bien été question d'imposer aux Compagnies d'assurances des conditions générales de police uniformes, dites *clauses d'apérition*, et de les obliger pour toutes additions ou modifications à y apporter, à n'employer que des clauses manuscrites, de façon à attirer davantage l'attention. Mais en attendant que le législateur ait édicté cette mesure de protection, il faut à l'assuré qui ne lit pas sa police, quelqu'un qui le fasse pour lui.

C'est le rôle de l'assureur-conseil.

N'étant point comme l'agent dans la dépendance directe de la Compagnie, il peut plus librement discuter avec elle dans l'intérêt de l'assuré.

Assureur-Conseil, je suis donc pour l'assuré.

Je suis pour l'assuré contre les *compagnies douteuses*, qui encaissent des primes avec l'arrière-pensée de se soustraire au paiement de l'indemnité d'assurance, et qui pour cela ont soin d'insérer dans leurs polices des clauses ambigües qui leur permettront de plaider.

Je suis pour l'assuré contre les *compagnies financières* lorsque, surtout en assurance sur la vie, elles prélèvent des bénéfices exagérés sur les assurés, et répartissent à leurs actionnaires des dividendes toujours croissants qui vont jusqu'à dépasser 200 %. — La *Compagnie des Assurances Générales* donne à ses actionnaires des dividendes dépassant

200 % de la valeur nominale des actions. A la *Nationale*
et au *Phénix* les dividendes dépassent 100 %.

Je suis pour l'assuré contre les *tontines*, petites ou grosses,
parce qu'elles opèrent des prélèvements déraisonnés sur les
premiers versements de leurs sociétaires ; — parce que, pour
attirer des souscriptions, elles font des promesses qu'elles
savent irréalisables ; — et parce qu'enfin, sous le couvert de
l'assurance et de la mutualité, elles n'ont d'autre objectif
que de donner de gros bénéfices aux sociétés financières qui
les gèrent.

Je suis pour l'assuré même contre les *Compagnies de
premier ordre*, lorsqu'elles insèrent dans leurs polices des
conditions léonines qui mettent l'assuré à leur merci.

Et parce que je suis pour l'assuré, chacun devrait me
consulter avant de signer une police d'assurance.

Le marchand montre la marchandise qu'il veut vendre,
et personne n'achète sans voir. De même avant de se lier
avec une Compagnie d'assurances pendant 5 ans, 10 ans ou
plus, on devrait toujours exiger d'elle la remise d'un projet
de police pour l'étudier ou la faire étudier. Et il faudrait se
méfier d'une Compagnie qui se refuserait à une demande
aussi naturelle, car ou bien la police contient des clauses
équivoques, ou bien elle ne répond pas aux promesses qui
sont faites.

*N.-B. Il m'a fallu quelque patience pour arriver à dégager
la vérité en matière d'assurances, car les inspecteurs entretiennent
savamment chez leurs agents cette idée que la Compagnie qu'ils
représentent est la meilleure qui se puisse trouver,* the best in the
world, *comme disent les Anglais. C'est pour cela qu'on rencontre
tant d'agents, et j'ai été du nombre, qui le proclament avec une
innocente bonne foi.*

Actuellement je suis à même de donner, soit immédiatement soit dans les quatre jours, en les puisant aux sources les plus désintéressées et les plus sûres, des renseignements sur toutes les Compagnies d'assurances.

III. — LE MINIMUM DE CE QUE CHACUN DOIT SAVOIR AVANT DE S'ASSURER SUR LA VIE
(Bénéfices de l'assurance et conditions des polices)

« Une Compagnie d'assurances sur la vie ne doit pas être un organisme créé dans un but de lucre ; sa fonction est de recevoir et de distribuer. »

New-York life i. c. (66e compte-rendu.)

Les principes de l'Assurance Vie.

On doit se rappeler, avant de s'assurer sur la vie, la définition que j'ai donnée de l'assurance en général : *la mise en commun de risques de même nature ;* — et l'on doit d'abord savoir que, dans toute compagnie d'assurances, le capital de ceux qui décèdent est formé par les primes des assurés survivants qui sont ainsi des mutualistes, conscients ou inconscients.

On doit aussi savoir que le capital actions d'une compagnie d'assurances, qui a été au début de ses opérations une garantie pour les assurés, a cessé d'avoir une utilité appréciable dès que ceux-ci sont devenus suffisamment nombreux.

Cela est si vrai que le capital actions des *Assurances Générales* ne représente plus que 32 centimes pour 100 francs

de la garantie totale de ses assurés, — 3 millions pour
936 millions d'assurances ; — et que le décret du 12 Mai
1906, qui réglemente la constitution des sociétés mutuelles,
autorise bien la création d'un fonds temporaire de garantie,
mais en fixe le maximum à 1.500.000 francs et détermine
les conditions de son amortissement.

On doit enfin savoir que, pour la sécurité commune de
l'assureur et de l'assuré, les Compagnies d'assurances sont
obligées de demander une prime plus élévée que celle qui
serait strictement nécessaire, de *percevoir trop pour être certaines
d'avoir assez,* mais sous la condition raisonnable de rendre
chaque année le trop perçu aux assurés, sous forme de participation aux bénéfices.

Voilà les principes.

Comment ces principes sont appliqués.

Mais après cela, on doit savoir qu'il existe deux sortes de
compagnies d'assurances : les *Sociétés Mutuelles* qui, n'ayant
point de capital actions à rémunérer, restituent chaque année
aux assurés ce qu'elles ont perçu en trop ; — et les
Compagnies Financières, gérantes de la mutualité inconsciente
des assurés, qui exploitent l'assurance, comme une industrie
productive et sans aucun risque, au profit de leurs actionnaires.

Seulement il y a une gradation entre les Sociétés d'assurances qui restituent tout le trop perçu aux assurés, et celles
qui le donnent tout entier aux actionnaires.

Il y a d'abord les *sociétés purement mutuelles,* chez lesquelles
la gestion est restée aux mutualistes à qui revient tout le
trop perçu : ce sont la *Mutuelle Vie,* la *Société Lorraine,*

la *New - York*, la *Société Suisse*, la *Norwich Union* (1).

Dans ces sociétés les assurés participent à tous les bénéfices de sous mortalité, de placements de fonds et de gestion. Car si, théoriquement, les engagements de l'assureur et de l'assuré, vis à vis l'un de l'autre, ont au point de départ de l'assurance des valeurs égales, pratiquement, les Compagnies d'assurances sur la vie réalisent des bénéfices. Elles les retirent : de la sous mortalité qu'elles obtiennent par le choix de leurs risques, sur la mortalité présumée, — du placement de leurs fonds pour tout ce qui excède 3,50 °/o taux sur lequel est basé le tarif, — et de l'économie sur les frais dont est chargée la prime pure pour devenir la prime commerciale.

Il y a ensuite les *demi-mutuelles* qui, créées dans un but de lucre, ont cédé à des sociétés financières fondées tout exprès à côté d'elles, la gestion de leurs affaires, en leur abandonnant en totalité ou en partie le bénéfice de cette gestion. Les assurés profitent au moins des bénéfices de sous mortalité et de placement de fonds.

Ainsi l'on fait le *Conservateur Vie* et la *Mondiale*.

Il y a après cela les *sociétés financières* qui ont su dégager les conséquences de la loi de mutualité, qui est au fond de

---

(1) Il ne faut pas être surpris de me voir mentionner en même temps des sociétés françaises et des sociétés étrangères. La *dispersion des risques* est un des principes fondamentaux de l'assurance vie, et toute société qui veut vivre et prospérer doit être internationale : le *Phénix Vie* recherche des assurances dans 14 pays différents (France, Algérie, Tunisie, Maroc Allemagne, Angleterre, Belgique et Grand Duché de Luxembourg, Egypte, Espagne, Grèce, Hollande, Italie, Suisse et Turquie), — et la *Nationale Vie* dans 9 pays (France, Suisse, Italie, Espagne, Belgique, Luxembourg, Hollande, Turquie, Egypte.)

toute assurance, et qui ont limité dans une sage mesure la rémunération de leur capital social : le prélèvement pour cela effectué, elles ristournent le surplus du trop perçu aux assurés sous forme de participation aux bénéfices.

Ce sont la plupart des compagnies étrangères : l'*Equitable des Etats-Unis*, la *Dordrecht*, le *Gresham*, la *Bâloise*, le *Janus*, etc...

Il y a enfin les *Sociétés Financières* chez lesquels il existe un antagonisme d'intérêts profond entre les assurés, mutualistes inconscients, et l'entreprise financière, lien qui les unit.

Dans cette dernière catégorie figurent malheureusement la plupart de nos compagnies françaises. On retrouve dans le conseil d'administration des principales les mêmes noms des hauts barons de la finance : les Rothschild, les Hottinguer, les Mallet, etc. — et elles n'ont d'autre objectif que de tirer des assurés le plus de bénéfices possible. Le compte-rendu du dernier exercice de la *Compagnie d'Assurances Generales* en contient l'aveu non déguisé : le Directeur se félicite « de « n'avoir eu à verser aux comptes avec participation qu'un « supplément de 26.000 francs pour maintenir le taux de « participation du dernier exercice » et « de pouvoir « consacrer 300.000 francs à améliorer le dividende des « actionnaires. » (*Journal des Assurés* du 25 Juin 1911.)

Et si dans ces compagnies financières la situation des actionnaires va toujours ainsi en s'améliorant, — au point que l'action entière émise à 7.500 francs (aujourd'hui divisée par 50mes) de cette même *Compagnie des Assurances Générales*, vaut actuellement plus de 410.000 francs, — c'est nécessairement au détriment des assurés.

Le tableau ci-dessous qui indique de 5 ans en 5 ans, la marche parallèle des répartitions faîtes à leurs assurés et à leurs actionnaires par la *Générale,* la *Nationale,* et le *Phénix* est aussi sur ce point bien suggestif.

	Années	Part des Assurés	Part des Actionnaires
Générale	1895	3.179.000 fr.	4.908.000 fr.
	1900	2.180.000	5 050.000
	1905	2.192.000	6.310.000
	1910	1.570.000	7.262.000
Nationale	1895	2.390.000	3.993.000 fr.
	1900	2.115.000 fr.	4.065.000
	1905	1.691.000	4.120.000
	1910	1.500.000	5.100.000
Phénix	1895	1.627.000 fr.	1 401.000 fr.
	1900	1.043.000	2.005.000
	1905	704.000	2.373.000
	1910	387.000	3.093.000

Vendant ainsi plus cher l'assurance, les compagnies financières devraient avoir des conditions de police plus favorables pour les assurés, mais c'est le contraire qui a lieu :

En cas de guerre l'assurance est suspendue pendant toute sa durée et les 8 mois qui suivent la cessation des hostilités, ce qui n'empêche pas la Compagnie, pour remettre la police en vigueur, d'exiger, contre toute logique et contre toute justice, le paiement de *l'entier* des primes courues pendant ce temps, — et quand on voit des compagnies qui se classent pourtant parmi les premières, ajouter à cela l'obligation de payer l'intérêt de ces primes à 4 %, c'est vraiment inimaginable. — Les polices ne garantissent pas les risques de suicide, de duel, de voyages et de séjour en pays tropicaux. — Elles n'indiquent pas les valeurs de rachat (1). — Elles sont muettes sur la question des avances sur polices. — Elles sont jusqu'à la fin contestables, et nombreuses sont les décisions de justice appelées à trancher les contestations soulevées.

Il est cependant intéressant de savoir quand on s'assure sur la vie : que si l'on est appelé à prendre part à une guerre, soit comme combattant, soit à titre auxiliaire, l'assurance contractée continuera à couvrir votre risque de décès. — Que si l'on vient à mourir, par exemple, des suites d'un accident de chasse arrivé en l'absence de tout témoin, les bénéficiaires de l'assurance ne seront pas exposés à se voir opposer la non garantie du suicide. — Que si, d'esprit aventureux, il vous prend fantaisie d'aller aux Colonies, la garantie de votre contrat vous y suivra. — Que si une affaire d'honneur vous amène sur le pré, la balle d'un adversaire maladroit, en vous envoyant dans l'autre monde, ne déchirera pas en même temps votre contrat.

---

(1) Leurs valeurs de rachat sont fixées par une méthode empirique, en escomptant à intérêts composés les valeurs d'assurance réduite. Mais le taux d'escompte qu'elles indiquent de 4 ou 4,50 % est en réalité bien plus élevé, car elles négligent intentionnellement, — pour le plus grand bien de leurs actionnaires, — un facteur important : l'éventualité du décès de l'assuré avant le terme du contrat, et comme conséquence l'obligation où serait la Compagnie de payer à ce moment le montant de l'assurance réduite.

Il est encore intéressant de savoir quand on s'assure, que dans un moment de gêne, on n'aura qu'à ouvrir sa police pour connaître la somme que la Compagnie s'est obligée à vous avancer sur simple avenant de garantie et sans frais. — Que si l'on cesse le paiement de la prime, on trouve inscrite dans la police aussi bien sa valeur immédiate ou valeur de rachat, que le montant de l'assurance réduite.

Il est tout paticulièrement intéressant de savoir quand on s'assure que si, intentionnellement ou par suite de circonstances fâcheuses, on vient à cesser de payer la prime, on pourra néanmoins continuer pendant un nombre d'années indiqué dans la police, à jouir de la garantie entière qui a été le but de l'assurance: et cela sans nouvel examen médical.

Il est enfin intéressant de savoir que la Compagnie ne viendra pas, après de longues années, contester les déclarations que vous lui aurez faites même de bonne foi.

Mais puisque les Compagnies Financières françaises d'assurances ne donnent ni ces garanties ni ces précisions, c'est en dehors d'elles qu'il faut nécessairement les chercher.

Antérieurement à la *loi du 17 Mars 1905* sur la Surveillance et le Contrôle des Compagnies d'Assurances sur la Vie, la liberté absolue et sans contrôle des compagnies étrangères en France était pour elles une cause d'infériorité, parce que n'apparaissaient pas suffisamment les garanties qu'elles offraient. Mais cette loi, qui a bien mis en fuite quelques compagnies qui n'ont pu ou voulu se soumettre à ses prescriptions, a consolidé de singulière façon celles qui s'y sont soumises, en donnant aux assurés des garanties indiscutables. Elle a été pour elles, selon le mot de M. Hermann-Laurent, la meilleure des réclames.

Les compagnies financières françaises le prévoyaient bien quand, lors de l'enquête parlementaire de 1883, elles demandaient que les sociétés étrangères fussent laissées en dehors de tout contrôle. Cela leur valut du rapporteur de la loi de 1905, M. Chastenet, l'avertissement suivant :

« Si on s'élève au dessus des préoccupations industrielles
« pour s'occuper uniquement de l'intérêt public, il est certain
« que cette différence de régime entre les sociétés françaises
« et les sociétés étrangères ne peut se soutenir.

« En principe l'assurance sur la vie ne connait pas de
« frontières, et ce que nous demandons, ce n'est pas qu'on
« protège les Compagnies françaises contre les compagnies
« étrangères, mais qu'on protège l'assuré aussi bien à
« l'égard des unes qu'à l'égard des autres.

« Et si contrairement à notre attente, les Compagnies
« françaises trouvaient dans l'application de ces mesures,
« un élément d'infériorité vis à vis des sociétés étrangères
« qui sont venues leur faire concurrence, elles devraient y
« voir la condamnation de leurs méthodes et la nécessité
« d'une orientation nouvelle. On y gagnerait peut-être la
« création de puissantes mutuelles de nationalité française.
« Celles-ci n'auraient pas comme nos compagnies par actions
« la préoccupation de servir des dividendes hors de propor-
« tion avec les services rendus par le capital initial et
« pourraient dès lors offrir à leurs assurés des conditions
« plus avantageuses.»

Mais, prisonnières de leurs actionnaires, les Compagnies financières françaises n'ont pu entendre cet appel et elles continuent à vendre plus cher une moins bonne marchandise.

Elles le font du reste sans grand succès, et alors que

l'assurance sur la vie est partout de plus en plus en faveur, elles ont peine à maintenir leur production. La *Compagnie d'Assurances Générales*, malgré une réclame intense, a même vu diminuer la sienne de 4 millions en 1910 et encore de 2 millions en 1911.

Dieu nous garde tous, assureurs, et assurés, de tomber entre les mains malfaisantes de l'Etat assureur, qui, suivant l'expression du Journal *Le Temps*, « mauvais industriel et « commerçant déplorable, a l'insolente prétention de « confisquer toutes nos libertés et de les soumettre à son « contrôle. »

Aussi je prie mes collègues assureurs, agents des Compagnies financières, de ne pas prendre en trop mauvaise part ce que j'écris, mais bien plutôt de remarquer que, le jour où les compagnies d'assurances sur la vie, qu'elles portent le nom de mutuelles ou de compagnies par actions, se seront décidées à appliquer dans la plus large mesure possible les principes de la mutualité, base de toute assurance, le monopole de l'Etat aura contre lui non seulement les assureurs mais tous les assurés.

IV. — DE LA GARANTIE DU RISQUE DE GUERRE DANS L'ASSURANCE SUR LA VIE

Ce que devient en cas de guerre l'assurance sur la vie.

« Quand cela viendra-t-il ? Demain peut-être, un peu « plus tard sans doute, mais cela ne peut pas ne pas venir. »

Ainsi s'exprime, dans une étude sur le risque de guerre, M. Jean Floriac, pseudonyme qui cache une personnalité du monde des assurances ; et c'est bien aujourd'hui l'avis unanime.

Aussi, avec les menaces incessantes de guerre, chacun qui actuellement s'assure ou est déjà assuré sur la vie, s'inquiète de savoir si son assurance continuera à le couvrir en cas de guerre.

Quelques rares compagnies d'assurances dont les contrats sont dispersés dans tous les pays du monde et qui disposent d'importantes réserves libres, couvrent sans surprime ce risque spécial. — D'autres le couvrent partiellement. — Mais dans la plupart des compagnies les polices stipulent la suspension de l'assurance, pendant la durée de la guerre et les huit mois qui suivent la cessation des hostilités. Elles exigent néanmoins, pour faire reprendre cours à l'assurance, le paiement de la totalité des primes courues pendant ce temps, avec ou sans intérêts. — Elles ne couvrent le risque de guerre que moyennant le paiement préalable d'une surprime élevée au début des hostilités. De sorte que tous ceux qui sont appelés à prendre part à la guerre, aussi bien dans les emplois auxiliaires que comme combattants, voient cesser· la garantie de leur assurance, juste au moment où les conditions d'hygiène sont le plus défavorables et l'atteinte des maladies contagieuses le plus à craindre.

Comment la « Victoria de Berlin » garantit le risque de guerre.

Pour parer à ces inconvénients la **Victoria de Berlin** (la *Victoire*, qui s'appelait plus modestement avant nos désastres de 1870, *Société Générale d'assurances de Chemin de Fer*) prétend donner la garantie du risque de guerre à ses assurés.

Elle le fait bien mais de la façon suivante : Elle met de côté chaque année, pour former un fonds de réserve destiné à couvrir le risque de guerre, le premier dividende des bénéfices revenant aux assurés, et elle attribue une partie de ce fonds aux assurés de chaque nationalité. — La part des assurés Français qui était à la fin de 1908 de 217.000 francs est actuellement d'environ 243.000 francs.—

Et comme la Compagnie prévoit que ce fonds sera insuffisant, elle se réserve de prélever sur les polices des assurés survivants pour parfaire le capital des décédés.

Voici du reste les termes exacts de ses contrats :

« Le premier dividende est conservé par la Compagnie
« pour former le fonds de réserve pour risque de guerre ;
« mais il est intégralement remboursé à l'assuré ou à ses
« héritiers, à l'expiration du contrat, si ledit fonds de
« réserve n'a pas été mis à contribution par suite d'une
« guerre, pendant la durée de l'assurance.

« Restent en vigueur, sans paiement d'une surprime,
« toutes les assurances souscrites sur la vie de personnes
« qui sont tenues de prendre part à une guerre ou à la
« répression d'une émeute en raison du service obligatoire,
« ou de servir dans les armées comme non combattants en
« raison de leurs professions.

« En ce qui concerne le règlement des indemnités pour
« le cas de décès résultant de faits de guerre, il sera procédé
« à un décompte spécial pour les assurés de chaque Etat
« belligérant.

« *Dans le cas où les ressources énoncées ci-dessus seraient in-*
« *suffisantes, la Compagnie* La Victoria de Berlin *se réserve le*
« *droit de prélever la différence, au prorata des sommes assurées,*
« *sur les polices de tous les survivants mâles en âge de servir et*
« *séparément pour chaque Etat.* »

Comme on ne lit généralement pas sa police d'assurance, ou qu'on ne la lit que lorsqu'elle est signée, j'ai cru utile d'attirer l'attention sur cette clause singulièrement dangereuse.

V. — CE QUE SONT LES TONTINES

Le Bureau fédéral des assurances en Suisse.

Dans son rapport sur l'exercice 1909, le Bureau fédéral des assurances en Suisse définit et juge les tontines. Mais pour bien apprécier ce jugement, il faut d'abord savoir ce qu'est le Bureau fédéral Suisse.

Les députés qui ont pris part à la discussion de la *loi du 17 mars 1905 sur le Contrôle des Assurances* vont nous le dire :

« Le Bureau fédéral permanent des assurances en Suisse
« ne se contente pas de recevoir les états de situation
« transmis par les compagnies qui exercent dans ce pays ; au
« besoin il vérifie ces états sur place...... Si dans ce pays
« de Suisse où le contrôle des assurances fonctionne d'une
« façon parfaite, on a pu éviter que des compagnies suspectes
» ou mal organisées puissent drainer et compromettre
« l'épargne publique, c'est parce qu'on a institué un contrôle
« complet et absolu.

Extrait du discours de M. Ferrette député de la
Meuse. (Séance du 23 Juin 1904.)

ailleurs la Suisse parce que, vous le savez
moi et mieux que moi, c'est le pays du monde où
assurances sont le plus sévèrement contrôlées et où
« sont organisées peut-être les sociétés les plus solides et
« les plus anciennes.

Extrait du discours de M. Auffray, député de la
Seine. (Séance du 30 Juin 1904.)

« Le Bureau fédéral Suisse qui est la plus grande autorité
« en matière d'assurances......

« L'autorité morale du Bureau fédéral en matière
« d'assurances s'étend, vous le savez, bien au delà des
« frontières restreintes de la Suisse. De ses avis s'inspirent
« ou tiennent compte tous les Gouvernements qui ont à
« surveiller des compagnies d'assurances ou à se préoccuper
« de leur fonctionnement.

« Donc, voici l'avis du Bureau fédéral, qui ainsi que
« vient de le dire M. Auffray, et si généralement apprécié
« par sa compétence et son impartialité.

(Extrait du discours de M. Chastenet, député de
la Gironde, rapporteur de la loi. Séance du 30 Juin 1904.)

Les tontines sont interdites en Suisse.

Or voici le jugement sévère que le Bureau fédéral porte
sur les tontines, auxquelles il refuse l'autorisation d'opérer
en Suisse :

« Nous ne voulons pas quitter ce sujet, sans dire un mot
« d'une autre institution qui fonctionne aussi sous le couvert
« de l'assurance, *les tontines.*

« Chaque année les sociétés tontinières réunissent en
« un groupe leurs nouveaux adhérents ; ces membres versent

— 19 —

« leurs cotisations à fonds perdus en une ou plusieurs fois.
« Au bout de quelques années, on partage entre les survi-
« vants du groupe la somme produite par les mises et leurs
« intérêts, sous déduction des frais de gestion. Les héritiers
« des personnes mortes auparavant ne touchent rien, à moins
« qu'elles n'aient payé une prime spéciale dite de contre
« assurance ; dans ce cas, on partage entre les ayant droit le
« fonds de contre assurance ; l'affaire est plus ou moins
« bonne pour eux suivant le nombre des décès.

« La tontine ressemble ainsi à l'assurance de capital
« différé, mais au rebours de cette dernière, elle ne garantit
« rien, car les prestations de la société dépendent uniquement
« de la mortalité du groupe et du produit des capitaux. En
« revanche, ses opérations se prêtent aux plus belles
« promesses : grâce à la forte mortalité de ses adhérents, à
« l'habileté financière des entrepreneurs et à leur grande
« économie, chacun doit recevoir beaucoup plus qu'il n'a
« donné. Au bout de 15 ou 20 ans, *lors de la répartition,*
« *l'adhérent voit qu'on l'a joué ;* les résultats de la tontine sont
« fort inférieurs aux promesses des agents. Seulement alors
« le malheureux s'aperçoit qu'il n'a en mains que des
« prospectus et un contrat libellés en termes trop vagues
« pour permettre d'actionner la Société. Tout le profit qu'il
« escomptait est absorbé dans d'énormes frais qui repré-
« sentent le bénéfice de la Société.

« *L'Italie a manifesté l'intention d'interdire les tontines. En*
« *Suisse, nous n'avons pas besoin de recourir à une loi spéciale :*
« *la loi de surveillance nous a permis de protéger efficacement*
« *notre public contre ces entreprises.* »

Si la Suisse a ainsi l'avantage de ne pas avoir chez elle de sociétés tontinières, par contre nous en avons beaucoup en France.

Elles y vivent sous le couvert de l'assurance et de la mutualité, sans être cependant ni des sociétés d'assurances, ni des sociétés mutuelles : elles ne sont pas des sociétés d'assurance, car qui dit assurance dit garantie, et elle ne garantissent rien ni en cas de décès ni en cas de vie ; elles se bornent à de superbes et fallacieuses promesses. — Elles ne sont pas non plus des sociétés mutuelles, car elles sont toutes ou presque toutes gérées par des compagnies financières qui absorbent au profit de leurs actionnaires le plus clair des bénéfices de l'association.

Parasites de l'assurance, leur gestion doit être vraiment bien productive, car elles se multiplient de façon surprenante.

Les voici, pour qu'on y prenne garde, dans leur ordre alphabétique :

L'*Avenir Mutuel*, — le *Bonheur*, — la *Capitale*, — le *Conservateur*, (1) — l'*Epargne Mutuelle Française*, — la *Mutualité Universelle*, — la *Mutuelle Européenne*, — la *Mutuelle de France et des Colonies*, — la *Mutuelle Lyonnaise*, — la *Mutuelle des Prévoyants*, — la *Mutuelle de l'Univers*, — la *Mutuelle Phocéenne*, — la *Mutuelle Populaire*, — la *Prévoyance*

---

(1) Le *Conservateur* mérite cependant une place à part parmi les tontines. Créé en 1844 pour faire connaître au public la Rente Française, il a rendu des services à son heure ; mais soumis comme toutes les tontines à l'obligation de réaliser l'avoir de chaque association à date fixe, sans pouvoir différer ni faire d'arbitrages, il ne donne plus actuellement que des résultats très médiocres.

Française Vie, — la *Prévoyante,* — le *Progrès Mutuel Vie,* — la *Prospérité Mutuelle,* — la *Société Générale Française d'Assurances Mutuelles sur la Vie,* — le *Sou du Soldat,* — *Stella,* — la *Sécurité des Travailleurs,* — le *Trésor de l'Enfance.*

N. B. — La *Mutuelle Parisienne* n'a été enregistrée ni comme société tontinière ni comme société de capitalisation, et un jugement du Tribunal civil de la Seine du 26 Juin 1911 a prononcé la nullité de ses contrats.

VI. — LES RÉSERVES LÉGALES DE " LA MONDIALE " SONT-ELLES AU COMPLET ?

> *Nous ne voulons en Suisse que des assurances saines.* (Dr Kummer.)

Ce que sont les réserves légales.

Au moment où quelqu'un s'assure sur la vie, ses engagements vis à vis de la Compagnie d'assurances ont mathématiquement la même valeur que ceux de la Compagnie vis à vis de lui. Mais la compagnie exécutera les siens en une seule fois, par le paiement du capital garanti, tandis que l'assuré les doit remplir par les prestations successives du paiement de la prime (Je raisonne, comme s'il était possible, sur un seul individu).

Lorsque l'assuré a ainsi payé 5, 8, 10 primes, l'équilibre du début se trouve rompu, la Compagnie ayant désormais plus à verser qu'elle n'a à recevoir. Pour rétablir cet équilibre indispensable, elle a dû mettre de côté chaque année, à cet effet, des sommes suffisantes. La *loi du 17 Mars 1905,* qui lui en fait l'obligation, définit très justement ces réserves : la différence entre les valeurs respectives des engagements de l'assureur et de l'assuré. — Le décret du 9 Juin 1906 détermine les valeurs mobilières et immobilières que les Compagnies d'assurances doivent acquérir pour employer leurs réserves ; mais tandis que les Compagnies françaises sont autorisées à conserver entre leurs mains les valeurs ainsi acquises, les Compagnies étrangères opérant en France sont tenues de déposer les leurs à la caisse des Dépôts et Consignations.

Les réserves de la « Mondiale » sont-elles complètes ?

M. Bonnay rédacteur au *Moniteur du Commerce et de l'Industrie,* où il se fait le défenseur attitré et sans doute désintéressé des compagnies financières d'assurances, et le contempteur des sociétés mutuelles, M. Bonnay, dis-je, a consacré dans le *Moniteur* du 1er Juin 1911, un long article à *La Mondiale,* société d'assurances sur la vie à forme mutuelle.

Il s'efforce d'établir, avec les chiffres de son bilan de 1910, que les réserves que la Compagnie devrait avoir pour risques en cours ne sont pas au complet, et il conclut :

« Revenant toujours sur notre principal argument, nous « disons à *la Mondiale* : il est inadmissible que vous « représentiez les 4/5 de vos réserves mathématiques par un « compte de commissions à amortir, créance tout à fait « hypothétique et qui disparaîtrait avec l'arrêt subit de la « Société.

« Vous êtes la seule société pratiquant l'assurance en « France, qui agisse de la sorte, et nous ne savons par quel « miracle le Ministère du Travail et de la Prévoyance Sociale « tolère cette pratique contraire à la loi, lue à la lumière des

« travaux parlementaires qui l'ont précédée ; elle est
« inconciliable avec le fait d'une société de gestion, qui n'a
« aucune raison d'être si elle n'assume pas la charge des
« avances de commissions, ainsi que le stipule clairement
« l'article 2 du traité que vous avez passé avec elle et dont
« nous vous rappelons les termes :

   « *La société gérante aura à sa charge tous les frais de publicité,*
« *propagande, commissions, inspection, etc., etc... et généralement*
« *tous frais quelconques.*

   « Tant que vous n'aurez pas régularisé cette situation,
« nous sommes en droit de déclarer que les assurés n'ont
« pas les garanties qu'ils tiennent de la loi. »

Comme j'ai la preuve, dans une réponse que m'a faite
le Contrôle des Assurances au Ministère du Travail, que
M. Bonnay, intentionnellement ou non, se trompe quelquefois grossièrement, j'ai voulu vérifier la valeur de ses affir-
mations au sujet de la *La Mondiale.*

En possession du bilan de la Compagnie, j'ai écrit au
Ministre du Travail : « Monsieur le Ministre, je viens d'exa-
« miner le bilan de la Compagnie *La Mondiale* pour 1910, et
« je vois qu'elle fait figurer à son actif une créance pour
« partie au moins éventuelle de 4.446.186 francs pour
« commissions à amortir. Assureur Conseil je ne voudrais
« présenter à mes clients que des assurances saines, aussi
« je vous prie de bien vouloir me dire si, en admettant que
« *La Mondiale* eût été compagnie étrangère, les valeurs
« qui figurent à son bilan eussent constitué un dépôt suffi-
« sant à la Caisse des Dépôts et Consignations. »

En réponse à cette lettre dans laquelle je ne demandais
pourtant qu'un renseignement, M. le Ministre du Travail a

bien voulu me faire savoir « que son administration n'avait
« pas qualité pour discuter avec des tiers les bilans des
« sociétés soumises à son contrôle. »

J'ai écrit aussi au Directeur de *La Mondiale* :

« Monsieur le Directeur, je vous remercie de l'envoi que
« vous m'avez fait de votre compte rendu 1910. Vous n'êtes
« pas sans connaître l'article que M. Bonnay vous a consacré
« dans le *Moniteur du Commerce et de l'Industrie* du 1er juin
« dernier et vous avez dû, car la critique est au moins
« spécieuse, y faire une réponse à l'usage de vos agents.

« Je désirerais que vous m'envoyiez cette réponse et que
« vous me disiez si, en supposant que vous fussiez compa-
« gnie étrangère, le dépôt de vos valeurs réelles à la Caisse
« des Dépôts et Consignations eût été suffisant. »

A cette première lettre je n'ai pas eu de réponse, mais
sur un rappel *La Mondiale* m'a adressé une longue lettre
pour réfuter les critiques de M. Bonnay, sans répondre
toutefois à ma question au sujet du dépôt à la Caisse des
Dépôts et Consignations.

Le calcul des réserves mathématiques demandant une
haute culture scientifique que je ne possède pas, (presque
tous les actuaires sortent de Polytechnique) je suis revenu à
la charge auprès de *La Mondiale* :

« M. Bonnay prétend que vos réserves ne sont pas au
complet, vous prétendez le contraire. L'un et l'autre vous
argumentez de chiffres que je ne suis pas à même de contrôler.
Dites-moi donc plus simplement si, en admettant que vous
fussiez compagnie étrangère, vous seriez en mesure de
satisfaire à l'article 7 de la loi du 17 mars 1905 qui vous
imposerait le dépôt à la Caisse des Dépôts et Consignations

de valeurs égales au montant des réserves mathématiques de
vos contrats. »

Voici la réponse : « Monsieur, nous avons l'honneur de ré-
« pondre à votre lettre du 21 courant et ne pouvons que vous
« confirmer les renseignements que nous vous avons donnés
« précédemment. Ainsi que nous vous le disions, notre actif
« est amplement suffisant pour faire face à tous nos
« engagements. Ceci est absolument indépendant de notre
« situation de société française et du dépôt des valeurs à la
« Caisse des Dépôts et Consignations, dépôt qui n'est qu'une
« simple formalité, sans influence sur la situation réelle
« des compagnies. »

Il est évident que cette réponse est une échappatoire, car
si le dépôt à la Caisse des Dépôts et Consignations n'est
qu'une formalité, encore faut-il pouvoir la remplir.

Après cela, les réserves de *La Mondiale* sont-elles au
complet, ou n'y sont-elles pas, et qui a raison d'elle ou de
Monsieur Bonnay ? Je ne suis pas à même de le dire. — Je
ne suis pas à même de le dire, même après avoir lu les deux
brochures de M. Lefebvre, ancien élève de l'Ecole
Polytechnique, actuaire conseil, sur « *Les Frais d'Acquisition
des Contrats* » et « *La Législation du Contrôle* » dont les
conclusions sont diamétralement opposées, et qui pourraient
tout aussi bien s'intituler, et au fond ce doit être cela,
« *Plaidoyer pour* La Mondiale » et « *Plaidoyer contre* La
Mondiale », bien que le nom de cette compagnie n'y soit pas
prononcé. — Mais ce qu'en déduction je puis dire, c'est que
si *La Mondiale*, au lieu d'être compagnie française, était
compagnie étrangère, elle ne pourrait satisfaire aux exi-

gences de la loi, et comme conséquence elle se verrait interdire le droit de continuer ses opérations en France.

N. B. — *La Mondiale* a un moyen bien simple de me convaincre que ses réserves sont au complet : Elle n'a qu'à demander l'autorisation de faire des assurances en Suisse. Si après les vérifications rigoureuses auxquelles le Bureau fédéral des Assurances aura procédé, *La Mondiale* est admise à prendre place à côté des six compagnies françaises qui opèrent déjà en Suisse, et à faire des assurances dans ce pays, c'est que ses réserves légales seront bien au complet. A ce moment je me plairai à le reconnaître et à le dire.

REIMS. - IMP. JEANNE-D'ARC, 4, RUE DES FUSILIERS

www.ingramcontent.com/pod-product-compliance
Lightning Source LLC
LaVergne TN
LVHW012321050726
842524LV00004B/1533